Connaissez-vous le train bleu ?

Tout le monde y pense... Pourquoi ?

Chaque jour, à la même heure, il quitte Paris.

Il fait froid, il fait gris à Paris :

huit heures plus tard, le voyageur

se réveille devant la mer Méditerranée :

la mer est bleue, il y a du soleil, il fait beau.

Lyon, Avignon, Aix-en-Provence,

Marseille, Toulon, Saint-Raphaël,

Cannes, Nice, Menton...

Dans chaque ville, l'Extraordinaire attend...

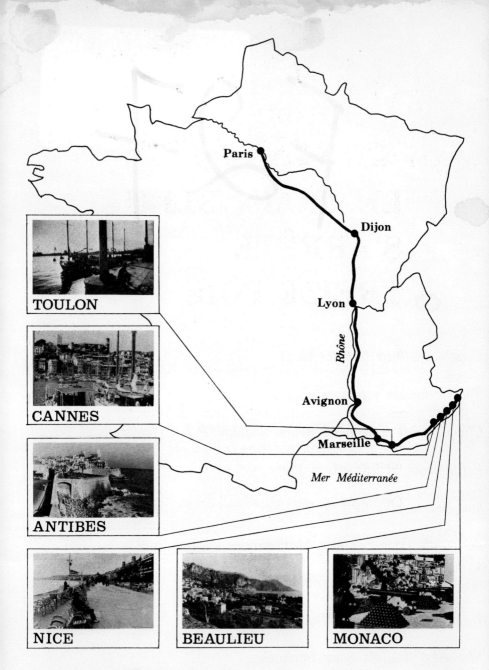

TOULON

CANNES

ANTIBES

NICE

BEAULIEU

MONACO

Paris

Dijon

Lyon

Rhône

Avignon

Marseille

Mer Méditerranée

© *Librairie Hachette, 1976.*

ISBN 2.01.001814.1

LE TRAIN BLEU S'ARRÊTE TREIZE FOIS

6 nouvelles policières
choisies dans un feuilleton policier de l'ORTF
de Boileau-Narcejac.

adaptées en français facile par Leïla Del Marmol
Professeur à l'École Internationale de Bruxelles.
Responsable du Département des langues.
Illustrées par Barbara Pappé

Cet ouvrage a été composé par Brodard et Taupin

C'est une production des Classiques Hachette

Non, on ne fait pas de stop en chemin de fer !

On achète un billet. C'est cher !

A la gare, ne pas se tromper de train !

Le départ c'est gai, ou triste, ou difficile.

Lyon. Nouveau départ. Le chef de gare siffle.

Les vaches regardent passer le train. Et les voyageurs regardent les vaches.

Nice, nous voilà arrivés !

Il y a toujours un café de la gare.

PRENEZ LE TRAIN BLEU

Toulon

Passe-passe

Six heures trente du matin.

« Toulon, Toulon, dix minutes d'arrêt! » crie le chef de gare.

Les voyageurs descendent : un homme grand et fort aux yeux durs marche vers la sortie. Il donne son billet à l'employé et sort de la gare. Il regarde : personne ne l'attend.

Il marche devant la gare, revient : toujours personne. Il regarde l'heure : Sept heures dix. Il entre alors dans un café.

A sept heures dix du matin, il n'y a personne dans le café. Seul, un garçon de café est assis à une table.

« Que voulez-vous ? » demande-t-il à l'homme.

« Donnez-moi un café au lait, tout de suite!

— Impossible. Il est trop tôt. Le café n'est pas encore prêt. Revenez dans une demi-heure.

— Alors, est-ce que je peux téléphoner?

— Oui, le téléphone est devant vous. »

L'homme prend le téléphone et fait le numéro :

65.87.99. Aucune réponse... A la fin, une voix répond.

« Ah enfin! dit l'homme. Oui, c'est moi, Pierrot... Je suis à la gare. Toi, tu es encore dans ton lit... Oui, tout est en ordre avec le garage. Ne t'en fais pas... A ce soir... Salut! »

Pierrot s'assied à une table. Il pense pendant quelques minutes, sourit, mais ses yeux restent durs...

Trois heures de l'après-midi. Au « Crédit de Toulon », l'employé appelle :

« Numéro 526, Numéro 526! »

Deux hommes arrivent : « Salut! Comment allez-vous?

— Pas mal! » L'employé prend le chèque et le regarde. « Vous voulez toujours la même chose, monsieur Moutret?

— Oui, comme toujours : soixante billets de cinq cents francs, soixante billets de cent et quatre-vingt de cinquante. »

L'employé ouvre le tiroir et compte lentement les billets : soixante de cinq cents, soixante de cent... Moutret, un homme grand et fort de quarante ans, ouvre sa sacoche de cuir. Il met les billets dans la sacoche et les compte de nouveau.

A côté de lui se trouve un homme petit et fort. Il s'appelle Fillol. Sa main droite est dans sa poche : elle ne quitte pas la crosse du revolver... Il travaille avec Moutret à l'Imprimerie Legaillou. Une fois par mois, il va avec Moutret chercher l'argent pour payer les employés.

Moutret a compté tous les billets : c'est juste. Il ferme la sacoche avec une petite clé.

« Au revoir, dit l'employé, au mois prochain! » Toujours la main dans la poche, Fillol marche devant : Moutret le suit en tenant la sacoche.

Dans la rue, devant le « Crédit de Toulon » se trouve la 504 Peugeot de l'Imprimerie Legaillou. Paul, qui conduit la voiture, entre le premier, puis Moutret, toujours avec la sacoche, enfin Fillol.

☐ Salut! En langage familier : bonjour ou au revoir.

☐ Le Crédit de Toulon : c'est le nom d'une banque. Une banque est un endroit où on met son argent.

☐ Un chèque : un papier qui remplace les billets. Celui à qui on donne un chèque de cent francs, par exemple, peut prendre cent francs à la banque.

☐ Un tiroir : voir p. 46.

☐ Une sacoche de cuir. Le cuir est fait avec la peau des animaux.

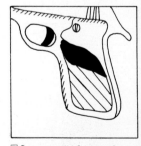

☐ La crosse du revolver.

☐ L'imprimerie : l'endroit où on fait les livres, les journaux, etc.

☐ Une clé : voir p. 14.

☐ Une bosse.

☐ Une secrétaire : dans un bureau, une employée qui répond aux lettres, au téléphone, etc.

☐ La direction : ici, le bureau du directeur. Le directeur décide de tout ce qui est important dans l'imprimerie.

☐ Une armoire.

☐ Un coffre-fort.

L'imprimerie est à dix minutes en voiture. A un feu vert, une D. S. noire est arrêtée au milieu de la route. Paul va trop vite, il ne peut pas s'arrêter à temps. Boum! La sacoche de Moutret tombe à ses pieds. Paul sort de la voiture pour voir ce qui est arrivé. Quelques bosses peu importantes. L'homme qui conduit la D.S. sort aussi de sa voiture. C'est Pierrot, l'homme qui a téléphoné ce matin et a dit : « Ne t'en fais pas... »

Cinq minutes plus tard, la voiture arrive à l'imprimerie. Paul, Moutret et Fillol descendent et entrent au bureau.

« Quoi de neuf? » demande Moutret à Berthe. Berthe est la secrétaire. « Rien, Monsieur Moutret », répond-elle.

Fillol ouvre la porte « Direction ». Il entre, et donne au directeur, Monsieur Legaillou, le revolver. Monsieur Legaillou le prend, ouvre son tiroir et met le revolver au fond du tiroir. Il restera au fond du tiroir jusqu'au mois prochain. Aujourd'hui, c'est le vingt-neuf juin.

Moutret met la sacoche sur son bureau. Il enlève sa veste et va la mettre dans l'armoire. Maintenant, il regarde les lettres.

Christian, un grand garçon blond de vingt-cinq ans, apporte encore d'autres lettres.

« Bravo! Vous avez bien travaillé! Quand partez-vous en vacances?

— La semaine prochaine, répond Christian, mais ma femme et ma fille sont à la mer depuis huit jours. »

Moutret prend la sacoche sur son bureau : il veut ouvrir le coffre-fort dans le mur. Berthe, la secrétaire l'appelle.

« Monsieur Moutret?

— Oui, Berthe, que voulez-vous?

— Je sais que c'est le vingt-neuf juin... Est-il possible de me payer aujourd'hui et non demain? Je n'ai plus d'argent...

— Mais avec plaisir, Berthe. » Monsieur Moutret prend la sacoche, l'ouvre et crie : « La sacoche est pleine de vieux journaux! »

7

Monsieur Legaillou arrive en courant :
« Pourquoi criez-vous? Que se passe-t-il?
— Ce qui se passe? Regardez, Monsieur Legaillou! Moutret montre les vieux journaux. « Je ne comprends rien... Ce n'est pas possible... Non, ce n'est pas possible.
— Enfin, dites-moi, Moutret, vous avez pris l'argent au « Crédit de Toulon », vous l'avez mis dans la sacoche, vous êtes venu en voiture avec la sacoche, vous êtes arrivé ici...
— Écoutez, Monsieur Legaillou, nous avons eu un petit accident.
— Quel accident? »
Moutret raconte alors l'accident avec la D.S. noire.
« Alors la sacoche est tombée à mes pieds dans la voiture. Je l'ai prise tout de suite. Je vous dis que ce n'est pas possible. Personne n'est entré dans la voiture, personne n'a pris la sacoche. Je ne comprends pas...
— Vous êtes sûr que c'est votre sacoche? » demande M. Legaillou.
« Je suis sûr que c'est ma sacoche. Regardez la tache brune.
— Et vous Paul, vous n'avez rien vu? »
Paul devient tout rouge :
« Rien Monsieur. Vous me connaissez bien : je travaille pour vous depuis seize ans. Jamais...
— Non, non, dit Legaillou. Mais où sont mes quarante mille nouveaux francs? Quatre millions d'ancien francs... Je vais téléphoner tout de suite à mon ami le commissaire de police. Vous allez tous attendre ici son arrivée. »

☐ Une tache : un endroit qui est d'une couleur différente du reste. Ici, un endroit sali par quelque chose.

☐ Un commissaire de police : le chef des agents de police d'un quartier.

. . . .

Vingt minutes plus tard, le commissaire Marchandeau arrive à l'imprimerie.
« Une affaire extraordinaire, mon cher commissaire! Quarante mille nouveaux francs, quatre millions d'anciens francs... Pfuit... Où? Comment? Qui?

Quand? Nous cherchons, nous ne trouvons rien, nous allons devenir fous...

— Allons, allons; expliquez-moi, Monsieur Moutret. Vous avez pris l'argent au « Crédit de Toulon »; et puis?

— Et puis j'ai mis l'argent dans ma sacoche et je suis entré dans la voiture. » Moutret raconte alors l'accident avec la DS noire. Je suis arrivé à l'imprimerie et...

— Vous avez enfermé la sacoche dans le coffre-fort, parce que c'est aujourd'hui le 29 juin et les employés sont payés le 30 », continue le commissaire.

« Oui, vous avez raison; mais Mademoiselle Berthe m'a demandé de la payer aujourd'hui le vingt-neuf juin au lieu de demain.

— Sans importance », dit Monsieur Legaillou.

« Attention, dit le commissaire; sans Mademoiselle Berthe, Monsieur Moutret aurait ouvert la sacoche seulement demain...

C'est vrai, mais cela ne change rien », dit Legaillou.

« Continuons », dit le commissaire. Il parle avec Moutret, puis avec Paul, enfin Fillol. Le problème reste entier : personne n'a pu enlever les billets de banque et les remplacer par des journaux; enfin c'est bien la sacoche de Monsieur Moutret avec la tache brune... Alors...

« Enfin, dit le commissaire, et ces journaux, les avez-vous regardés? Des journaux de Toulon, des journaux de Paris?

— Non », dit Monsieur Legaillou.

— Alors, regardons-les », dit le commissaire. Il prend la sacoche, l'ouvre et la retourne sur la table... Dans la pièce, tout le monde crie : la sacoche est pleine de billets de banque...

Moutret court : il compte l'argent : « Quarante mille nouveaux francs, le compte est juste! »

« Très bien, très bien, dit le commissaire. Une très bonne plaisanterie! Faire venir un commissaire pour rien! Vous vous moquez de moi, Monsieur Legaillou!

□ Entier : complet, où il ne manque rien.
Le problème reste entier : on ne peut rien y comprendre.

□ Une plaisanterie : ce qu'on fait ou ce qu'on dit pour se moquer de quelqu'un ou pour faire rire.

— Mais, mon cher commissaire, ce n'est pas une plaisanterie! »

— Allons, allons, vous aimez rire, je vois. Non, non, ne me dites pas au revoir. » Le commissaire se lève et quitte la pièce.

Très en colère, Legaillou dit alors à Moutret : « Payez Mademoiselle Berthe et au travail tout le monde! Quelle histoire bête! »

Six heures, Monsieur Legaillou part le premier : il ne dit au revoir à personne.

Puis Fillol, puis Berthe, partent.

Christian met son manteau. « Finissez vite vos additions ce soir », dit Monsieur Moutret.

« Pourquoi ce soir? dit Christian. La machine à calculer sera prête demain.

☐ Une machine à calculer : une machine qui compte très rapidement.

— Demain, demain, il y a déjà huit jours que la machine doit être prête! »

Monsieur Moutret regarde Christian dans les yeux et dit :

« Heureusement pour toi, cette machine n'était pas là tout à l'heure. »

Christian devient tout rouge.

« Si je n'ai pas parlé, dit M. Moutret, c'est que j'ai pensé à ta femme, à ta fille...

— Mais enfin, Monsieur Moutret, comment savez-vous?

J'y pense depuis ce matin : au « Crédit de Toulon » impossible, dans la voiture, impossible, mais ici...

☐ Un couvercle.

Je suis arrivé, j'ai mis la sacoche sur le bureau, j'ai enlevé mon veston et je suis allé le mettre dans l'armoire. Pendant quelques secondes, la sacoche reste seule sur le bureau. Pendant ces quelques secondes, quelqu'un peut la prendre et la remplacer par une autre sacoche, ma sacoche avec la tache brune. Mais alors, où est-elle? Dans ce bureau, c'est sûr : le voleur n'a pas le temps de quitter le bureau. Sur la table, se trouve la machine à calculer avec son couvercle. Mais la machine n'est pas là... Alors que fais-tu? Tu mets la sacoche avec

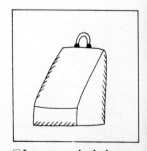

☐ Le couvercle de la machine.

Au début, il y a toujours une nouvelle...

... un journaliste qui raconte...

ou qui écrit.

On imprime

On met en pages.

Les rotatives tournent.

Et le journal imprimé part dans la nuit.

ON IMPRIME UN JOURNAL

l'argent sous le couvercle de la machine et tu la remplaces par ma sacoche avec les vieux journaux.

— Alors, vous avez de nouveau changé les sacoches? demande Christian.

— Oui, cinq minutes avant l'arrivée du commissaire j'ai changé les sacoches. J'ai pensé à ta femme et à ta fille.

— Mais comment savez-vous que c'est moi?

— A ce moment, Berthe tapait à la machine et Fillol parlait avec le patron dans son bureau. Moutret pense quelques minutes : « Mais l'idée extraordinaire, c'est l'accident avec la D. S.!

□ Taper à la machine : écrire avec une machine.

— C'est un ami de Paris. Il est arrivé ce matin.

— Bien; maintenant tu vas quitter l'imprimerie. Je ne dirai rien, mais je ne veux plus jamais te voir ici. Tu comprends? »

Moutret prend la sacoche avec les vieux journaux et la donne à Christian. « Prends cette sacoche, ou ton ami de Paris va croire que tu as l'argent! Tu peux lui donner les journaux! »

La tête basse, Christian quitte l'imprimerie. Au coin de la rue, un homme attend. C'est Pierrot. Il voit Christian, saute sur lui, prend la sacoche et se sauve à toutes jambes. Christian tombe inanimé par terre. Pierrot court, court : voici la D. S. Il jette la sacoche dans la voiture et part à toute vitesse...

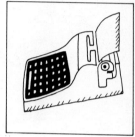

Une machine à écrire.

□ Inanimé : sans vie, ou qui semble sans vie.

Cannes

On ne gagne qu'une fois

Le train arrive en gare, il s'arrête. Charles et Yvonne descendent. Ils sont jeunes, mais ils ont l'air fatigué et amer.

« Alors, dit Yvonne, tu vas partir tout de suite ?
— Oui, répond Charles, je dois prendre la route. Il faut vendre les livres.
— Quand je pense, dit Yvonne, que nous sommes allés à Paris pour rien !
— Écoute, nous rapportons avec nous de nouveaux livres; et puis ils ont payé le voyage.
— Oui, mais nous retournons à Saint-Raphaël. Je n'aime pas cette ville. Tu gagnes si peu d'argent; nous sommes pauvres. Tu pars toute la journée avec la voiture, moi, je reste seule dans cet appartement et j'attends que tu rentres.
— Écoute Yvonne : aujourd'hui tu as raison, mais demain tu vas voir. Je vais réussir à vendre beaucoup de livres... »

En attendant, Charles marche de plus en plus lentement. Cette valise est si lourde ! Ils arrivent à l'appartement. Yvonne s'assied et Charles ouvre la valise : les livres tombent par terre.

☐ **Ils sont amers : ils ne sont pas contents,** parce que la vie ne leur a pas apporté ce qu'ils attendaient.

☐ **Prendre la route : partir** (le plus souvent en voiture).

☐ Une valise.

13

« Tiens, dit Yvonne, moi, je comprends les gens. Ils n'ont pas envie d'acheter des livres d'art. Est-ce que nous lisons, nous? On achète la télévision, la radio, des disques, mais des livres, pourquoi? Puis, ils sont si chers : 300, 400, 500 francs! »

Ennuyé, Charles ne répond pas. Il choisit quelques livres, les met dans la valise et part.

Yvonne reste seule : elle pleure. A ce moment, elle entend du bruit derrière la porte. Elle l'ouvre : le fils de la maison, qui travaille à la police judiciaire, se trouve devant elle. C'est un beau garçon aux yeux verts et aux cheveux noirs.

« Comment, dit-il, vous pleurez? Votre mari vous a battue?

— Oh non, jamais il ne me bat. Mais je suis si triste. Pas de Paris pour le moment. Nous devons rester ici. Charles continue à travailler à Saint-Raphaël.

— Ne pleurez plus, descendez avec moi. Nous allons prendre un café en bas. »

Charles sonne à la porte. Toujours la même réponse : « Je regrette, Monsieur n'est pas là... »

Charles est fatigué. La valise devient de plus en plus lourde. Il fait nuit. Il s'arrête dans un café et demande un vin rouge.

Il boit lentement. Il n'ose pas rentrer à l'appartement. Yvonne va lui demander : « Combien de livres as-tu vendu? » Il n'en a pas vendu un seul.

« Encore un vin rouge », demande-t-il au garçon. Il continue à penser... et à boire.

Il est minuit : le café ferme. Charles paie et sort. Il se sent bien : il prend sa voiture et conduit rapidement. La route passe devant le casino.

Charles s'arrête. Après tout, pourquoi pas? Il voit une place libre dans le parking. Il laisse sa voiture et oublie ses clefs.

Ce soir, il va gagner, il en est sûr. Il entre au casino, achète des jetons et les met tous sur le numéro 13.

Dans le parking, un homme essaie d'ouvrir les voitures. Elles sont fermées à clef, sauf une, celle de Charles. L'homme la prend et part.

□ **Des livres d'art** : de très beaux livres, souvent avec de belles photos et de beaux dessins.

□ **La police judiciaire** est formée par les hommes qui cherchent ceux qui tuent (font mourir) ou qui volent (prennent ce qui n'est pas à eux).

□ **Je regrette** : je suis ennuyé.

□ **Le café ferme** : on ne pourra plus aller dans le café; il n'y aura plus personne pour servir.

□ **Le casino** : dans les grandes villes, une maison où on peut jouer de l'argent; on y donne aussi des spectacles.

□ **Des clefs.**

□ **Des jetons** : petites pièces qui remplacent l'argent au jeu.

Il suit la route et sort de Saint-Raphaël. A droite se trouve une belle villa au milieu d'un jardin. Il s'arrête et entre dans la maison avec une fausse clef. Pendant ce temps, Charles gagne. Le 13 est sorti une fois, deux fois. Il reçoit des jetons, beaucoup de jetons. Il continue à jouer : c'est toujours son numéro qui sort. Il oublie le temps, l'heure, sa femme, sa vie, tout.

Là-bas, l'homme sort de la ville. Il monte dans la voiture et revient au casino. Il met la voiture à la même place, dans le parking et s'en va sans se presser.

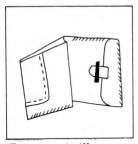

Charles se réveille : il vient de perdre pour la première fois. Il faut arrêter de jouer.

Il prend tous ses jetons et va les changer : il reçoit des billets, beaucoup de billets neufs. Il les met dans son portefeuille, sort du casino et va au parking. Est-il riche? Oui, il le pense. Il se sent un autre homme. Il prend sa voiture et arrive à l'appartement. Il monte. Yvonne dort. Il va au salon sans faire de bruit. Il s'assied par terre, ouvre son portefeuille et commence à compter ses billets...

Le lendemain matin, Charles se lève le premier. Il prépare le café; il chante.

« Qu'est-ce qui se passe? » demande Yvonne.

— Quoi? Je n'ai pas le droit de chanter? Il faut que je t'explique : hier, j'ai rencontré un client extraordinaire. Il m'a acheté beaucoup de livres. Je dois le voir aujourd'hui pour lui en vendre encore.

— C'est trop beau pour être vrai! » Yvonne regarde son mari : il sourit. Elle l'embrasse une fois, deux fois.

« Écoute, dit Charles, je n'ai pas besoin de la voiture ce matin, tu peux la prendre. »

Yvonne prend les clefs et descend pour aller au marché. Elle entre dans la voiture. Que voit-elle par terre, à côté d'elle? Une longue chose noire en caoutchouc. Une matraque. C'est la première fois qu'elle en voit une, mais elle est sûre de ne pas se tromper. Pourquoi Charles a-t-il une matraque dans la voiture?

15

Au marché, Yvonne ne voit rien, n'entend rien. Elle veut rentrer à l'appartement. Elle achète un journal. Sur la première page, elle lit cette phrase : « Un rentier assassiné et volé... »

Elle continue à lire : « Hier soir, dans une villa, près de Saint-Raphaël, un homme a assassiné un rentier avec une matraque et a volé tout son argent. » Ce n'est pas possible, elle a de la peine à marcher, elle se sent mal.

Le beau Roger, de la police judiciaire, la voit passer. Il l'appelle.

« Alors Madame, vous avez lu le journal, vous connaissez la nouvelle ? Ce vieux rentier vivait tout seul avec ses livres. Pauvre homme, il est mort maintenant. »

Yvonne ne répond pas. Roger voit qu'elle est triste.

« Tiens, dit-il, quand venez-vous dîner avec moi ?
— Un de ces soirs, dit Yvonne, qui veut vite rentrer chez elle. »

Charles est déjà là. Il a l'air si heureux.

« J'ai quelque chose pour toi, dit-il. Ferme les yeux. »

Yvonne ferme les yeux : quand elle les ouvre, elle a un collier de perles autour du cou.

« Mais Charles, tu es fou !
— Non, non je voulais seulement te faire plaisir. D'ailleurs il n'a vraiment pas coûté cher. »

L'après-midi Charles sort et Yvonne va chez un bijoutier. Elle lui montre le collier.

« Il est très beau madame, dit le bijoutier. Il vaut au moins trois mille nouveaux francs. »

Yvonne prend le collier et quitte le magasin. Elle rentre à l'appartement et cherche dans sa chambre, dans la salle à manger. Au salon, dans un livre, elle trouve les billets de banque. Elle attend le soir. Elle sort et marche le long de la mer. Elle cherche un endroit désert.

Elle est seule. Elle a caché la matraque sous sa robe. Elle la prend et la jette loin dans la mer. Elle revient : tout à coup une voiture s'arrête. C'est Roger. Il l'invite à monter.

□ Un rentier : un homme qui a des biens et reçoit de l'argent sans travailler.

□ Assassiner quelqu'un, c'est le tuer.

□ Voler, c'est prendre quelque chose qui n'est pas à nous.

□ Un collier de perles.

□ Le bijoutier : celui qui vend des bracelets, des colliers, des bagues.

□ Un bracelet.

□ Une bague.

« Et l'assassin ? » demande Yvonne.

« Oh, l'assassin, on va le prendre car nous avons les numéros de tous les billets volés. En attendant, venez dîner avec moi. »

Il emmène Yvonne dans un petit restaurant. Il y a beaucoup de monde, mais ils trouvent une table près de la fenêtre.

Yvonne ne sait plus très bien où elle est, ce qu'elle fait : elle donne sa main à Roger.

« Je sais, dit Roger, que vous n'êtes pas heureuse. Racontez-moi. Je veux vous aider. »

Charles rentre : il appelle : « Yvonne ! Yvonne ! » Personne ne répond.

Charles va au salon, prend l'argent dans le livre et sort.

Il se rend au casino et commence à jouer.

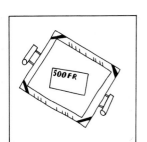

Le dîner est fini. Roger appelle le garçon. Sur le plateau, Roger voit un billet de 500 NF. Il prend le billet, regarde le numéro. C'est le même numéro que celui qu'il a en mains. Il se tourne vers Yvonne :

« Ça y est : ce billet est un des billets volés. Attendez-moi un moment. »

Il se lève et passe dans l'autre salle à manger.

« Comment, pense Yvonne, Charles est ici ? »

Roger revient : il marche à côté de l'homme qui a pris la voiture de Charles au parking du casino l'autre soir...

Yvonne les regarde passer. Alors Charles n'est pas l'assassin, il n'a pas volé !

Elle se lève et dit au garçon :

« Je suis obligée de partir. Voulez-vous prévenir Monsieur Roger quand il reviendra ?

Au Casino, Charles ne gagne plus, au contraire, il perd ses derniers billets. Il quitte sa place, prend sa voiture. Que va-t-il raconter à Yvonne ?

Elle l'attend. Elle porte son collier.

« Alors, dit Yvonne, et ton client ?

— Je n'ai plus rien vendu. Je crois que tu as raison : je vais changer de métier. »

Yvonne l'embrasse. Charles et Yvonne ont encore une chance de réussir leur vie...

Pour une course de chevaux, il faut :

Un riche propriétaire d'écurie
(une écurie = plusieurs chevaux).

Un entraîneur qui élève les chevaux.

Un jockey qui les fait courir.

Des joueurs qui gagnent... ou qui perdent.

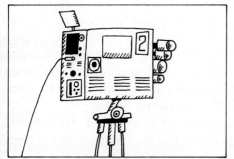

Une caméra pour décider quel cheval a gagné.

Des journalistes pour raconter la course.

UN APRÈS-MIDI AUX COURSES

Antibes

Coup fourré

□ **Un coup fourré : une bataille où celui qui semblait gagner, perd.**

Longchamp... Prix de l'Arc de Triomphe...
Monsieur et Madame Marassin se regardent : ils sourient... Didier et Sylvie sont sûrs de gagner... Mais combien ?
Ils ont un billet de la Loterie Nationale. Ce billet est sorti. Combien d'argent auront-ils ?
« Nous allons être riches... très riches, si *Fricotin* est le premier, un peu moins, s'il est second, encore un peu moins, s'il est troisième... » dit Didier à sa femme.

Fricotin arrive second ! Didier et Sylvie Marassin gagnent deux cents mille nouveaux francs, ou vingt millions d'anciens francs. Ou, plutôt, dix millions d'anciens francs, parce que Didier a acheté le billet, comme d'habitude, à moitié avec son cousin Gaston.

□ **Comme d'habitude : comme il fait chaque fois.**

Gaston habite Antibes, mais il vient souvent à Paris.
« As-tu le billet ? » demande Sylvie.

□ **Un cousin (une cousine) : le fils (la fille) du frère ou de la sœur de votre père ou de votre mère.**

« Non, c'est Gaston qui a le billet. La dernière fois, j'avais le billet. Cette fois-ci, c'est Gaston », répond Didier.

19

« S'il a regardé la télévision, il sait qu'il a gagné. Et sa femme Berthe, elle va être contente ?

— Berthe ne sait rien. Elle ne sait pas que Gaston et moi, nous achetons un billet de la Loterie Nationale chaque mois.

— Didier, le numéro... Tu es bien sûr que...?

— 136 882 : je suis sûr. Regarde mon carnet. Viens maintenant : nous allons faire un bon dîner au restaurant. Nous devons fêter cette journée ! »

Le maître d'hôtel prend la commande : « Pour commencer, des huîtres, deux douzaines, ensuite un châteaubriant saignant et pour le dessert... nous allons y penser. Apportez tout de suite une bouteille de champagne ! »

En buvant le champagne, Didier et Sylvie discutent. Que faire avec tout cet argent ? Avant tout, ils vont acheter une voiture pour aller sur la Côte d'Azur.

« Mais Didier, nous ne pouvons pas partir comme cela, tout de suite...

— Pourquoi pas ?... Je sais conduire et je peux prendre des vacances.

— Téléphone à Gaston. Peut-être ne sait-il pas encore la bonne nouvelle...

— Tu as raison, Sylvie, je vais lui téléphoner tout de suite. »

Didier se lève, quitte la table du restaurant et descend téléphoner.

« Allo, Antibes... C'est Madame Crépois, sans doute ? Bonjour Madame. Je veux dire bonsoir, ma cousine. Je suis Didier Marassin. Vous ne me connaissez pas encore. Gaston vient toujours seul à Paris. Il est là, Gaston ?... Comment ?... Qu'est-ce que vous dites... Hier soir ?... Ce n'est pas possible... Je ne peux pas le croire... Et quand aura lieu le... Oui, oui, nous y serons... Du courage, ma cousine, du courage... »

Sylvie voit la figure de son mari et dit :

« Gaston a perdu le billet, n'est-ce pas ?

— Gaston n'a rien perdu : il est mort hier soir. Le cœur. Berthe a envoyé un télégramme. Le télégramme est à la maison, sûrement. »

□ Le maître d'hôtel : dans un restaurant, le chef des garçons qui donnent à manger aux clients.

□ Une huître.

□ Un chateaubriant saignant : un morceau de bœuf peu cuit, pour que la viande reste rouge.

□ Un bœuf.

□ Un dessert : un plat, souvent sucré, qu'on mange à la fin d'un repas.

□ Une bouteille.

□ Un télégramme : un texte qu'on envoie par la poste et qui va beaucoup plus vite qu'une lettre.

□ Un pot.

□ La bonne : l'employée qui fait le ménage dans une maison.

□ Une crise : un moment difficile dans une maladie.

□ Un docteur : une personne qui soigne les malades (on dit aussi un médecin).

Le maître d'hôtel apporte les huîtres : Didier et Sylvie les regardent. Ils n'ont vraiment plus faim.
« As-tu parlé du billet à Berthe ?
— Non, Berthe ne sait rien », dit Didier.
« Où est le billet, alors ?
— Je le sais. Dans le bureau de Gaston, dans son pot à tabac. Berthe n'aime pas le tabac. Alors Gaston avait l'habitude de tout cacher dans son pot à tabac : son argent, le billet, etc. Tu vas parler avec Berthe et pendant ce temps...
— Mais alors, ne perdons pas de temps, partons tout de suite pour Antibes. Quelle heure est-il ? Prenons le train bleu. »
Didier et Sylvie se lèvent : ils laissent quelques billets sur la table pour payer le dîner qu'ils n'ont pas mangé et prennent un taxi pour la gare de Lyon.

Le lendemain. Neuf heures du matin. Didier et Sylvie s'arrêtent devant une maison grise, dans une vieille rue d'Antibes.
Didier sonne à la porte. Une très jolie jeune femme de vingt-cinq ans ouvre.
« Bonjour Berthe », dit Didier.
« Je ne suis pas Berthe. Je suis la bonne. Appelez-moi Aurora.
— Qu'est-ce que c'est, Aurora ? » demande une voix au premier étage.
« Nous sommes Didier et Sylvie Marassin, les cousins de Gaston », répond Didier.
« Montez au premier étage. C'est moi, Berthe Crépois. »
Berthe Crépois est maigre, vieille, laide. Voilà pourquoi Gaston venait toujours seul à Paris.
« Comment allez-vous, ma cousine ? Que s'est-il passé ?
Gaston est revenu vendredi soir de Paris, assez fatigué. Il a dîné, puis il est allé se coucher. Il faut dire qu'il avait souvent de petites crises. J'ai appelé le docteur Guilboud. Lui aussi, il a pensé que Gaston avait une crise au cœur comme d'habitude. Mais, tard dans la nuit, Gaston a encore eu une

21

crise. Le docteur Guilboud est revenu. C'était inutile : Gaston est mort. »

Berthe prend son mouchoir, mais elle ne pleure pas vraiment.

« Il n'a rien dit? » demande Didier.

« Non, rien du tout », répond Berthe.

« Puis-je le voir encore une fois? »

« Venez avec moi ».

Sylvie reste seule : vite, elle ouvre la porte devant elle. C'est le bureau de Gaston. « Je cache tout dans un pot à tabac », avait dit Gaston à Didier. Mais dans le bureau, il n'y a pas seulement un pot à tabac, mains quinze pots à tabac différents...

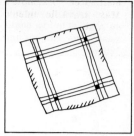

☐ Un mouchoir.

Vite, vite, Sylvie ouvre tous les pots. Rien, rien, rien, rien... Derrière elle, elle entend un bruit : la porte s'ouvre. Elle se retourne : c'est Aurora.

« Votre chambre est prête, Madame », dit-elle.

« Merci Aurora. Dites-moi, je cherche des cigarettes. Je n'ai pas eu le temps d'en acheter. »

« Oh! C'est facile, Madame. Dans ce pot à tabac. » Aurora l'ouvre et prend les cigarettes. « Voilà Madame. »

☐ Une cigarette.

Elle est gentille, Aurora. Peut-être sait-elle quelque chose...

« Dites-moi, Aurora, que s'est-il passé vendredi soir?

— Eh bien, Monsieur et Madame ont dîné comme d'habitude. Mais avant le dessert, Monsieur s'est levé. J'ai de nouveau une crise, a-t-il dit, je vais me coucher. »

— Et alors?

— Il est allé se coucher.

— Il est allé tout de suite dans sa chambre? Il n'a pas passé par son bureau?

— Non, il est allé dans sa chambre et il s'est couché.

— Merci, Aurora. Je suis vraiment triste de cette mort. »

Un peu plus tard, Sylvie raconte tout à Didier.

« Après le départ d'Aurora, j'ai encore cherché. Mais le billet ne peut pas être dans le bureau, puisque Gaston est allé se coucher sans passer par son bureau. »

☐ Une armoire.

Mieux : d'une manière meilleure. Exemple : Max travaille mieux qu'Alain.

Un verre.

De l'aspirine : quelque chose que l'on prend pour enlever le mal de tête.

Un portefeuille : voir p. 15.

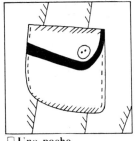

Une poche.

Une veste.

Une preuve : ce qui montre que ce qu'on dit est vrai.

— Mais alors, crie Didier, le billet est encore dans sa poche !

— Oui, c'est ce que je pense.

— Rien n'est perdu. Où est l'armoire ?

— La porte, à côté de la chambre.

— Gaston portait bien sa veste bleue, vendredi, rappelle-toi ?

— Oui, j'en suis sûre : il portait sa veste bleue.

— Aurora est toujours en bas ?

— Mieux, elle est sortie pour faire le marché.

— Et Berthe ?

— Elle s'habille dans sa chambre. Nous sommes tranquilles. »

Sylvie regarde la porte de la chambre de Berthe. Didier ouvre l'armoire : elle est pleine. A ce moment, Berthe sort de sa chambre. Elle a un verre d'eau à la main. Didier ferme vite l'armoire.

« Vous êtes malade, ma cousine ? » demande Sylvie.

« Je ne suis pas malade : j'ai mal à la tête. Je vais prendre une aspirine.

— Rentrez dans votre chambre, couchez-vous sur votre lit, dit Sylvie. Je vais rester avec vous. »

Sylvie entre avec Berthe dans sa chambre : Berthe prend l'aspirine et se couche sur le lit. Elle parle : son mari ne laisse pas beaucoup d'argent. Que va-t-elle faire ?

Sylvie écoute, mais elle n'oublie pas de regarder dans la chambre. Là, sur la table, il y a un portefeuille. Oui, c'est bien le portefeuille de Gaston : à côté il y a aussi ses lunettes. Mais alors, mais alors, Berthe a...

Didier pense la même chose : rien dans les poches de la veste bleue, même pas son billet de train, rien, rien.

Didier retourne dans sa chambre, Sylvie aussi.

« As-tu trouvé quelque chose dans les poches de la veste bleue ? » demande Sylvie.

« Rien. Et toi, dans la chambre de Berthe ?

— Rien. Sûrement Berthe a regardé avant nous. Elle a le billet. Elle va avoir les vingt millions. Nous, nous n'avons pas de preuve...

— Attends, Sylvie, j'ai une idée. Tu vas voir... »

L'après-midi, Didier et Sylvie font des courses dans le quartier. Ils vont chez le fleuriste. Ils achètent des fleurs pour Gaston.
« Ah, vous êtes les cousins de Monsieur Crépois... Un gentil monsieur! Comme c'est triste, une mort si rapide...
— Je ne comprends pas, répond Didier. A Paris, vendredi, il est heureux, il se porte bien. Il arrive le soir à Antibes et il meurt...
— Vous croyez que ce n'est pas naturel?
— Je ne crois rien du tout. Je suis étonné, très étonné... Donnez-moi ces fleurs blanches. »
Après le fleuriste, l'épicier.
« Je voudrais un kilo de café. Madame Crépois est cliente chez vous, n'est-ce pas?
— Oui, sûrement. La pauvre femme... Vous êtes...
— Des cousins de Paris. Nous ne comprenons rien. Un homme si fort...
— Comment? Vous ne croyez pas que...
— Moi? Je ne crois rien du tout. Donnez-moi ce kilo de café. C'est combien? »
Après le fleuriste et l'épicier, le boulanger, le crémier, le boucher... Didier et Sylvie répètent la même scène.
Leur dernière visite est pour le docteur Guilboud.
« Docteur, nous ne comprenons rien à la mort de notre cousin Gaston. Vendredi matin, nous voyons Gaston à Paris : il semble heureux, il se porte bien. Vendredi soir, après dîner, il meurt à Antibes. Comment est-ce possible? »

Le procureur de la République regarde Berthe Crépois, habillée tout en noir, assise en face de lui.
« Madame, je dois vous dire que j'ai entendu des bruits, beaucoup de bruits sur la mort de votre mari. J'ai demandé l'autopsie. Écoutez ce que le médecin écrit : forte dose de poison venant de champignons. Je sais que votre mari a mangé des champignons, ce vendredi soir à dîner. Alors, expliquez-moi, Madame... »

□ Faire des courses : acheter ce dont on a besoin.

□ Le quartier : l'ensemble des rues qui sont autour de la maison.

□ Un fleuriste : celui qui vend des fleurs.

□ Un épicier : celui qui vend toutes sortes de choses à manger (sel, poivre, sucre, farine, etc.).

□ Un boulanger : celui qui vend du pain.

□ Un crémier : celui qui vend du lait, des œufs, du fromage, de la crème.

□ Un boucher : celui qui vend de la viande (bœuf, mouton, veau...).

□ Une scène : ici, ce qui se passe entre plusieurs personnes qui sont ensemble.

□ Le procureur de la République : la personne qui représente l'état (le gouvernement) dans une affaire de justice.

□ L'autopsie : faire l'autopsie d'un cadavre, c'est examiner (regarder avec attention) le corps d'un mort pour savoir de quoi il est mort.

□ Le poison : quelque chose qui peut rendre malade ou tuer si on le mange (ou si on le respire).

24

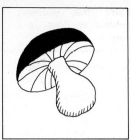

□ Un champignon.

Berthe ne répond pas. Elle regarde le procureur sans dire un mot. C'est vrai, il a raison. Il y a longtemps que Berthe n'aime plus son mari. A chaque retour de Paris, elle lui donne de petites doses de poison. Gaston est malade. On appelle le docteur Guilboud.

Le docteur pense que c'est la fatigue de Paris. Puis Berthe recommence : ce vendredi, elle a mis une forte dose de poison et Gaston est mort. Malheureusement pour elle, les cousins sont venus.

□ Une prison : on met en prison ceux qui ont tué quelqu'un (les criminels), ceux qui ont volé (les voleurs), etc.

□ Une pompe à essence.

□ Le pompiste : l'homme qui sert l'essence.

□ La tristesse : on est triste quand on a des ennuis, des soucis; on n'est pas heureux.

Voici Berthe en prison. Pas d'argent pour elle. Didier et Sylvie recevront le peu d'argent que Gaston a laissé. En attendant, ils ont acheté une petite voiture et rentrent à Paris.

Ils s'arrêtent pour faire le plein d'essence. De l'autre côté de la pompe, une belle voiture de sport blanche s'arrête aussi. Une jolie fille en robe rouge la conduit.

« Regarde, Sylvie! fait Didier. Mais c'est bien elle; je ne me trompe pas... »

Sylvie regarde aussi :

« C'est Aurora! Pas possible! »

La voiture blanche part : Aurora reconnaît Didier et Sylvie Marassin. Elle leur fait un grand bonjour avec la main.

« Ah! Vous la connaissez? dit le pompiste. Celle-là, elle est heureuse! Elle a gagné vingt millions à la Loterie Nationale. Vous pensez : c'est la belle vie maintenant! »

En même temps, Didier et Sylvie se retournent : ils regardent la voiture blanche avec toute la tristesse du monde sur leur figure...

On peut faire
du dériveur :
c'est un petit
bateau à voiles,
sportif,
mais il se retourne
facilement !

On peut partir
sur un plus gros voilier.
Il ne se retourne pas
mais il faut
savoir lire les cartes !

On peut aussi
se promener
sur les rivières
en péniche.
Mais il ne faut pas
être pressé.

Si on veut aller
vite et loin, on prend
un transatlantique.
Mais adieu
à la solitude !

SI ON VEUT ALLER SUR L'EAU...

Nice

Cabine 11

☐ **Une cabine : une petite chambre dans un bateau.**

☐ **Un bateau à quai.**

☐ **Un verre : voir p. 23.**

Prendre un verre : boire quelque chose.

☐ **Un bar : un endroit où l'on sert à boire.**

☐ **De la glace : quand il fait très froid (au-dessous de .0°), l'eau devient de la glace.**

Tuut, tuut, tuut, c'est le départ. Lentement le bateau quitte le quai. Une dernière fois, Jean-Claude regarde Ajaccio. Il vient de passer de belles vacances en Corse. Maintenant, il rentre à Paris : les vacances sont finies, le travail l'attend. Jean-Claude a vingt-trois ans. Il a les cheveux bruns et les yeux bleus. Il voyage seul. Depuis son arrivée sur le bateau, il regarde une grande jeune femme brune aux yeux verts, vraiment très jolie.

Justement elle vient à lui : « Pardon Monsieur, quelle heure est-il?

— Minuit vingt seulement. Il est encore tôt. Puis-je vous inviter à prendre un verre au bar?

— Pourquoi pas? Il fait trop chaud, je n'ai pas sommeil. »

Il n'y a personne dans le bar : ils entrent.

« Que désirez-vous boire? » demande Jean-Claude.

« Un whisky avec de la glace et beaucoup d'eau, s'il vous plaît.

— Garçon, deux whiskies avec de la glace et beaucoup d'eau », dit Jean-Claude au barman. Il se

tourne vers la jeune femme : « Je me présente :
je m'appelle Jean-Claude Jolibois, j'ai vingt-trois
ans, je suis étudiant; et vous?

— Moi, je m'appelle Huguette et je suis journaliste.

— Alors, vous connaissez tous les artistes de théâtre
et de cinéma?

— Sûrement, c'est mon métier.

— Connaissez-vous Liz Taylor? » demande Jean-
Claude.

— Oui, elle est très jolie.

— Et Barbara Stein?

— Oui, aussi. Je suis allée en Corse où elle joue
dans un film. Je suis arrivée le soir où on a volé son
collier.

— Comment? C'est vrai, cette histoire?

— C'est vrai. La pauvre Barbara a pleuré dans
mes bras.

— Que dites-vous? Barbara, cette grande artiste,
a pleuré dans vos bras? » Jean-Claude regarde
Huguette avec envie.

« Et son collier? Est-il vraiment si beau? »

— Et comment! Il vaut cent mille dollars. Maintenant, parlez-moi de vous : vous faites des études?

— Oui, je suis étudiant. J'ai passé mes vacances
en Corse chez un ami et maintenant je rentre à
Paris.

— Chez Papa et maman? demande Huguette avec
un sourire.

— Oui, comme vous dites, chez papa et maman »,
répond Jean-Claude.

A ce moment, un homme entre au bar. Il a quarante ans. Il porte une veste bleue et un chapeau
blanc. Sous son bras, il a un gros livre. La mer est
calme, mais l'homme reste debout avec peine.

« Un whisky, un grand! » demande-t-il au garçon.
Huguette regarde l'homme.

« Vous le connaissez? » demande Jean-Claude.

« Oui, répond Huguette, je le connais. Il s'appelle
Jacques Morand. Il a plusieurs boîtes de nuit à
Montmartre et à Pigalle. C'est un homme dange-
reux, très dangereux.

☐ Un journaliste écrit
pour les journaux.

☐ Un collier : voir p. 16.

☐ Calme : tranquille.
Quand il n'y a pas de
vent, la mer est calme.

☐ Debout : droit sur ses
pieds.

☐ Dangereux : qui peut
faire du mal, qui peut
être très méchant.

En Corse, vous pourrez nager et pêcher au bord de la mer. Mais vous aimerez aussi grimper jusqu'aux villages de la montagne. Là, dans de vieilles auberges, vous mangerez du fromage de chèvre et vous boirez le vin du pays. Peut-être rencontrerez-vous des bandits. Partout, vous trouverez l'ombre de Bonaparte.

Jacques Morand boit son verre d'un seul coup.
« Encore un whisky », dit-il au barman.
Il boit de nouveau son verre, jette un billet de
banque sur la table. Il n'attend pas la monnaie et
quitte le bar.
« Venez, dit Huguette; dans ma cabine, j'ai des
photos de tous les artistes. Voulez-vous les voir?
— Avec plaisir, je vous suis », répond Jean-Claude.
Jacques Morand marche devant. Il tourne à gauche,
au bout du couloir.
Huguette s'arrête devant sa cabine : elle prend sa
clé, ouvre sa porte. Tout à coup, on entend crier
« Au Secours! »
Huguette et Jean-Claude courent jusqu'au bout
du couloir : ils tournent à gauche. La porte de la
cabine est ouverte : par terre, Jacques Morand,
inanimé. A côté de lui, le gros livre est tombé, le
chapeau blanc est plein de sang.
« Il est mort? » demande Huguette.
« Non, il n'est pas mort, mais il a reçu un coup très
fort sur la tête. Allez vite appeler le commissaire de
bord. »

Huguette quitte la cabine. Jean-Claude prend le
chapeau plein de sang; il le met sur le lit. Il prend
le livre : c'est « Autant en emporte le vent ». Il le
met sur la table. Enfin, il prend son mouchoir, le
mouille et le pose sur le front de Jacques Morand.
Morand ouvre les yeux :
« Je suis entré dans ma cabine, dit-il, un homme
a sauté sur moi et m'a donné un coup sur la tête.
— Cet homme, vous le connaissez? » demande le
commissaire du bord.
« Je ne l'ai jamais vu.
— Et vous, Monsieur, Mademoiselle, avez-vous
vu cet homme? » demande le commissaire à Jean-
Claude et à Huguette.
« Non, Monsieur le commissaire, répond Jean-
Claude. Nous avons entendu un cri, nous avons
couru et nous n'avons vu personne dans le couloir.
— Alors, vous, Monsieur Morand, dit le commis-
saire, dites-nous : comment est cet homme?

☐ Une clé, voir p. 14.
☐ Au secours! appel à
l'aide.

☐ Un couloir : l'endroit
où on passe pour aller
dans toutes les pièces
de la maison. Dans un
bateau, les portes des
cabines ouvrent sur un
couloir.

☐ Inanimé : voir p. 12.

☐ Le sang : liquide rouge
qui est dans le corps.

☐ Le commissaire de
bord : sur un bateau,
l'homme qui regarde
si tout est en ordre.

☐ Un mouchoir: voir p. 22.

☐ Poser : mettre.

☐ Le front.

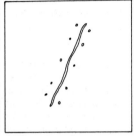
☐ Une cicatrice.

☐ Disparu : du verbe disparaître. Il est parti personne ne sait où.

☐ Frapper : donner un ou plusieurs coups.

☐ Un voleur : celui qui prend ce qui est aux autres.

☐ Une trousse de toilette : un petit sac où on met les objets qui servent à se laver : brosse à dents, savon, etc.

— Eh bien, il était grand, les cheveux coupés très courts, et il avait, je crois, une cicatrice sur le front.

— Vous dites bien, une cicatrice sur le front ?

— Oui, j'en suis sûr maintenant.

— Mais où est-il cet homme ? Nous ne l'avons pas vu dans le couloir », répète Jean-Claude.

Le commissaire du bord quitte la cabine et entre dans son bureau. Il prend le téléphone.

« Allo, Berthier... Connaissez-vous un homme grand, les cheveux coupés courts avec une cicatrice au front ? Vous dites, Antoine Versari... Appelez tout de suite la police à Marseille. Je veux tout savoir sur cet homme... »

Huguette retourne dans sa cabine avec Jean-Claude :

« Regardez, Jean-Claude, dit-elle, voici les photos de Sophia Loren et de Monica Vitti. J'ai aussi une photo de Barbara Stein avec son collier... Comme elle est belle... Mais à quoi pensez-vous, Jean-Claude ?

— Je cherche, Huguette, je cherche. Cet homme, avec les cheveux coupés courts et une cicatrice au front... Où est-il ? Où a-t-il disparu ? Je ne comprends pas... »

On frappe à la porte.

« Entrez, entrez ! » crie Huguette. C'est le commissaire du bord. Il semble fatigué. Il s'assied sur une chaise.

« Comment va Morand ? » demande Huguette.

« Bien. Il est dans sa cabine. Maintenant, je voudrais trouver son voleur.

Son voleur ?

— C'est vrai ! Vous ne savez pas encore. La trousse de toilette de Morand a disparu. Il est très en colère. C'est un cadeau, et il veut la trouver à tout prix !

— Quelle histoire pour une trousse de toilette ! Y a-t-il une raison ?

— Je ne sais pas. J'ai une autre nouvelle intéressante : l'homme aux cheveux coupés courts, avec la cicatrice au front, s'appelle Antoine Versari : la police de Marseille le connaît bien. Mais où est-il ?

Toujours sur le bateau, je pense. Nous allons chercher dans toutes les cabines », dit le commissaire.
C'est le matin : le bateau arrive à Nice. Voici le port. Jean-Claude et Huguette regardent la ville.
« Bonjour, Mademoiselle, dit Morand. Avez-vous bien dormi ? Quelle nuit ! Dites-moi, vous êtes journaliste ? Allez-vous écrire un bel article sur l'affaire de cette nuit ?

□ Un article : ce qui est écrit par un journaliste dans un journal.

— Mais Monsieur Morand, le vol d'une trousse de toilette, ce n'est pas très important...
— Et le voleur ? Il me frappe, il disparaît... N'est-ce pas important cela ?
— Monsieur Morand a raison, dit Jean-Claude. Écrivez votre article sur ce voleur que personne n'a vu...
— D'accord, je vais l'écrire », dit Huguette.
Morand sourit : je descends à l'hôtel Martinez à Nice. Venez déjeuner avec moi demain. Une heure, au bar, d'accord ? »
Le bateau arrive. Tout le monde descend.
« Écoutez, Huguette, dit Jean-Claude, prenez aussi une chambre à l'hôtel Martinez, au même étage que Monsieur Morand.
— Pourquoi ?
— Parce que. Prenez la chambre. Vous comprendrez plus tard. »
12 h 53 : Huguette attend au bar : Jean-Claude arrive.
« Maintenant, Jean-Claude, expliquez-moi !
— Huguette, il est une heure moins cinq. Morand arrive à une heure. Je n'ai pas le temps. Dites-moi le numéro de sa chambre.
— 122.
— Et le numéro de votre chambre ?
— 128.
— Votre clé ?
— Pardon ?
— Vite, il est une heure moins trois. Donnez-moi votre clé.
— La voilà.
— Merci. Tout à l'heure, pendant le déjeuner, je partirai. Pas longtemps : cinq à dix minutes.

Le maître d'hôtel : voir p. 20.

Une bouillabaisse : plat célèbre de Marseille fait avec des poissons.

Renverser : faire tomber.

Aplati : devenu plat.

Un chapeau. Un chapeau aplati.

Une blessure : on est blessé si on reçoit un coup, si on est renversé par une voiture, si on tombe...

Persuader : faire que quelqu'un pense ce qu'on veut lui faire croire.

Morand doit rester à table. Je compte sur vous... Ah! Bonjour Monsieur Morand!
— Alors, Mademoiselle Huguette? Comment allez-vous? Quand venez-vous à Paris? » Morand prend la main d'Huguette.
Le maître d'hôtel apporte la bouillabaisse. Jean-Claude ne fait pas attention et il renverse de la bouillabaisse sur lui...
« Vous voilà bien propre! » dit Huguette en riant.
« Excusez-moi, je vais aller me laver. » Et Jean-Claude quitte la table.

. . . .

Huguette et Jean-Claude regardent l'hôtel Martinez.
« Vous voyez comme c'est facile, dit Jean-Claude. J'ai passé d'un balcon à l'autre et je suis entré dans la chambre de Morand.
— Mais pourquoi?
— Rappelez-vous: hier soir, Morand vient prendre un verre au bar. Il porte un chapeau blanc et il a un livre sous le bras : *Autant en emporte le vent.* Puis quelqu'un le frappe sur la tête : il tombe par terre dans sa cabine. Le chapeau est plein de sang, mais le chapeau n'est pas aplati.
Si Antoine Versari a frappé Morand dans la cabine, le coup doit aplatir le chapeau. Donc, Antoine Versari a frappé Morand plus tôt. Rappelez-vous : quand Morand est entré au bar, il ne pouvait pas se tenir debout et il portait un grand chapeau blanc, pour cacher sa blessure.
— D'accord, mais expliquez-moi : où a disparu Antoine Versari?
— N'oubliez pas : Morand est un homme très fort. Je pense qu'il a jeté Versari dans la mer. Pourquoi? Versari a des amis, beaucoup d'amis. Morand veut les persuader que Versari et la trousse de toilette ont disparu.
— Pourquoi la trousse? Qu'y a-t-il dans cette trousse?
— Rien. Mais j'ai quelque chose à vous montrer. Regardez ce livre : c'est *Autant en emporte le vent.*

— Vous êtes allé prendre ce livre dans sa chambre ? »
demande Huguette.

« Oui : mais j'ai mis un autre livre à sa place et j'ai
aussi collé les pages.

— Collé les pages ? »

Jean-Claude ouvre le livre : toutes les pages sont
collées, mais au milieu on a découpé ces pages.
Jean-Claude retourne le livre et le collier de Barbara Stein tombe dans les mains d'Huguette.

« Vous allez rendre le collier à Barbara, mais
demandez-lui une photo pour moi », dit Jean-
Claude.

« Mais... Morand...

— Eh bien quoi, Morand ? Il ne va pas ouvrir son
livre avant Paris, j'en suis sûr !

Maintenant, il est l'heure de prendre mon train.
Je vous dis au revoir, Huguette. Très heureux
d'avoir fait votre connaissance et peut-être à bien-
tôt, le plaisir de vous revoir. »

Huguette le regarde partir : puis à pas lents, elle
prend le chemin de la mer.

☐ Coller : réunir (mettre ensemble) deux objets avec de la colle : ils ne peuvent plus être sé-parés.

A Nice, on fait une soupe qui est presque un repas : la soupe au pistou.

Pour 6 personnes, il faut :

300 g d'oignons

la moitié d'un céleri

2 navets

200 g de haricots blancs

1 poivron

3 gousses d'ail

200 g de gruyère râpé

300 g de pommes de terre

300 g de poireaux

300 g de carottes

300 g de haricots verts

500 g de tomates

du basilic

100 g de pâtes

de l'huile d'olive

Faire griller les oignons coupés fins dans de l'huile d'olive;
Ajouter 1 litre 1/2 d'eau. Faire bouillir. Ajouter les poireaux, les carottes, les navets, le
céleri, les haricots, le tout coupé fin. Mettre à petit feu pendant environ 1/2 heure.
Ajouter les tomates et les pâtes, cuire encore 1/4 d'heure.
Ne saler qu'à la fin de la cuisson.
Pendant ce temps, préparer une sauce en écrasant l'ail et le basilic avec de l'huile.
Verser la soupe sur cette sauce.
Mettre dans chaque assiette, avant de servir, le fromage râpé.

LA SOUPE AU PISTOU

Le piège

Beaulieu

Les joueurs finissent la dernière partie de bridge : Antonin, Vincent, Simone Daluère la maîtresse de maison et le vieux curé, ami de la famille.

Il fait nuit. Dans le fond du salon, Monsieur Daluère et Paul Lambert regardent l'échiquier entre eux. Pas un mot. Les joueurs de bridge viennent regarder le jeu : qui va gagner? Paul, sûrement : il veut prendre son fou, Simone le regarde et sourit. Paul comprend ce sourire, il laisse le fou à sa place. Que Daluère gagne! Il sera si heureux.

« La partie est pour moi », crie Daluère.

« Vous avez gagné, dit Paul. J'ai mal joué. » Et il sourit encore à Simone.

« Allons, allons, dit le curé, il est tard. Nous avons fini notre bridge. Il est temps de rentrer.

— Ne partez pas si vite, dit Daluère. Vous ne voulez rien boire?

— Non merci, répond Antonin. Nous allons partir. »

Les invités disent au revoir. Il fait doux dehors.

☐ Un piège : objet qui sert à prendre les animaux. Ici, une façon habile pour trouver une personne qui a fait quelque chose de mal.

☐ Le bridge : jeu de cartes.

☐ Une carte à jouer.

☐ La maîtresse de maison : la personne qui reçoit les invités dans sa maison.

□ Le curé : celui qui s'occupe des catholiques d'un quartier.

□ Un échiquier.

□ Le fou est une pièce du jeu d'échecs.

□ Une chapelle.

□ Un mur.

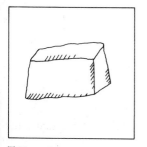

□ Une pierre.

Simone et son mari sortent dans le jardin.
« Alors, dit Daluère, cette chapelle, ça avance?
— Quel long travail, répond Paul. A Paris j'ai souvent pensé à cctte chapelle en Provence. Le travail avance, c'est vrai, mais je n'ai pas encore fini.
— Continuez avec courage : la chapelle en vaut la peine. Alors, bonsoir tout le monde et à dimanche prochain. »
Antonin et le vieux curé partent les premiers. Daluère et sa femme retournent à la maison. Vincent et Paul continuent à parler en marchant.
« Je connais Daluère depuis longtemps, dit Vincent, sa femme aussi. Simone est si jolie et gentille. Quelle triste vie elle a! Son mari, son travail dans la maison, jamais de théâtre, de cinéma, de restaurant. Lui, il est difficile à vivre. Il est le plus fort en tout : il a toujours raison. Pourquoi l'avez-vous laissé gagner?
— Je ne sais pas, répond Paul.
— Vous avez eu tort : dimanche prochain, faites-le perdre devant nous.
— Je n'ose pas », répond Paul.
« Pourquoi pas? Vous partez tout de même pour Paris. Vous n'allez plus le voir. »
Les deux hommes arrivent en ville.
« Alors, bonsoir, dit Vincent.
— Bonne nuit, dit Paul. »

Il attend quelques moments. Quand il ne voit plus Vincent, Paul retourne sur ses pas.
Il arrive au jardin de Daluère. Voici le mur blanc : il compte les pas : trente-cinq pas. A cet endroit, le mur est très bas : il y a seulement deux pierres, l'une sur l'autre. Paul prend la deuxième pierre et à sa place il met une lettre. Il remet la pierre, regarde derrière lui. Personne! Il est plus de minuit. Paul rentre chez lui.
Le lendemain, huit heures.
Un matin de soleil et d'oiseaux.
Simone marche rapidement. Elle arrive au mur blanc. Son cœur bat vite. Sous la deuxième pierre, elle trouve la lettre. Elle l'ouvre et la lit.

Anne et Jean, pour découvrir la Provence, partent à pied, sac au dos.

Ils visitent Moustiers Sainte-Marie, ville perchée,

puis suivent le sentier des gorges du Verdon.

Près de Gordes, ils voient les Bories (autrefois, petites maisons pour les bergers),

puis visitent l'abbaye de Sénanque, qui a été construite au XIIᵉ siècle.

Après avoir dansé, comme dans la chanson, sur le pont d'Avignon...

ils remontent la vallée du Gardon. C'est dur !

À PIED EN PROVENCE

Il est temps de se reposer dans un village. On bavarde avec les artisans.

Tous les jours depuis quinze jours, une lettre l'attend. Les journées passent vite maintenant. Elle pense à Paul. Jamais il ne lui parle, il lui écrit seulement. Des mots si gentils, si vrais. De nouveau elle lit la lettre. Elle n'entend pas des pas derrière elle. Une main touche son bras. Elle se retourne. C'est Daluère.

« Donnez-moi tout de suite cette lettre, Simone !
— Non, s'il vous plaît !
— Donnez-la-moi. » Daluère prend la lettre des mains de Simone, il la lit.

« Alors, vous aimez un autre homme ?
— Non, ce n'est pas vrai. Je n'aime personne. D'ailleurs, je ne sais pas qui a écrit ces lettres.
— Que racontez-vous ? » Daluère regarde, mais il n'y a pas de nom au bas de la lettre.

« Oui, dit Simone ; un jour, j'ai trouvé une lettre par terre dans le jardin. Cette lettre expliquait la cachette dans le mur. Alors, j'ai été curieuse, je suis venue voir.
— Qui a écrit cette lettre ? C'est Vincent ou Antonin ? Répondez ! Je veux le savoir. Attendez dimanche et vous allez voir ! »

Simone et son mari ne se parlent plus. Daluère cherche, cherche. Comment savoir le nom de cet homme qui aime sa femme ? Voilà, il a trouvé ! Dans le grenier, il y a un piège. Daluère va mettre ce piège dans la cachette. L'homme qui aime Simone ne sait rien. Il va revenir, mettre une autre lettre... Et alors, clac !

C'est la nuit. Paul est pressé. Il marche, il court. Voilà le mur : trente pas, la deuxième pierre. Peut-être aujourd'hui y a-t-il une réponse ? Il tire la pierre, met sa main dans la cachette pour chercher la lettre. Clac ! Le piège s'est fermé sur sa main. Paul crie. Il a si mal. Il veut rentrer chez lui, arrêter le sang qui coule. Il a de la peine à marcher...

Daluère attend ses invités. Il est huit heures et il va faire nuit.

« Simone, venez ici. J'ai quelque chose à vous dire. Asseyez-vous et écoutez-moi. Vous voyez ceci : c'est un piège. Je l'ai mis dans la cachette dans le

□ **Une cachette :** un endroit où on cache quelque chose.

□ **Un curieux (une curieuse) :** celui qui a très envie de savoir quelque chose.

□ **Le grenier :** la partie de la maison sous le toit.

□ **Le sang :** voir page 30.

mur. Maintenant, regardez bien : il y a du sang sur ce piège. Je suis sûr qu'il a servi. Ce piège s'est fermé sur la main ou le bras de l'homme qui vous aime. Ce soir, je vais savoir...

— S'il vous plaît, dit Simone, oubliez cette histoire.

— Jamais. C'est trop tard. »

On sonne.

Daluère se lève, s'avance vers la porte. On entend des pas. Paul entre. Il a un bandage à la main.

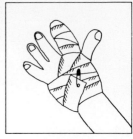

□ Un bandage.

« Excusez-moi. Je ne peux pas vous donner la main. Hier soir j'ai eu un accident très bête : j'ai fermé la porte de la voiture sur ma main. Heureusement que mon travail pour la chapelle est fini. Je pars demain pour Paris. »

Daluère regarde Paul sans parler. Comment ! C'est Paul, l'homme qui aime sa femme !

« Tenez, dit Daluère, j'ai quelque chose à vous dire. Venez tout de suite dans mon bureau. »

Simone regarde Paul. Mais Paul n'ose pas refuser. Il suit Daluère dans son bureau.

□ Refuser : dire non.

On sonne.

Antonin entre dans le salon.

« Comment, vous aussi ? » crie Simone.

Daluère ouvre la porte de son bureau et voit Antonin avec un bandage à la main droite.

« Qu'est-ce que çà veut dire ? » demande Daluère.

« Çà veut dire que je suis tombé dans la rue, répond Antonin. » A ce moment, il voit Paul.

« Par exemple !...

— Moi, c'est la porte de ma voiture, dit Paul. »

Daluère les regarde tous les deux. Il ne comprend plus. Mais les deux derniers invités sonnent. On les entend parler.

« Après vous, Monsieur le curé.

— Mais non, entrez le premier, Vincent. »

Le curé et Vincent entrent dans le salon. Tous les deux, ils portent un bandage à la main droite.

Le curé sourit :

« Encore un petit accident, chère madame, j'ai reçu une pierre sur la main.

— Et moi, dit Vincent, je me suis coupé avec un couteau.

□ Un couteau.

— Donnez-nous quelque chose à boire, chère Madame », dit le curé. « Nous allons oublier tous nos bêtes petits accidents. »

Les joueurs de bridge font leur partie mais la soirée finit tôt.

Deux heures plus tard, les quatre hommes marchent sur la route. Antonin et Vincent enlèvent leurs bandages.

« Heureusement, Paul est sauvé », dit Vincent.

« Il n'y avait pas d'autre moyen », continue Antonin.

« Je sais, répond Paul. J'ai eu tort. Merci à vous trois.

— C'est le curé qui a eu l'idée, dit Vincent.

— Oui, dit le curé. Mais moi, j'ai vraiment eu un accident. Je ne peux pas conduire. Vous voulez bien me prendre dans votre voiture, Antonin ?

— Avec plaisir. Montez, Monsieur le curé.

— Alors, au revoir Paul. Écoutez-moi, mon ami, oubliez-la. Vous avez eu tous les deux une dure leçon. Vous n'allez plus lui écrire ?

— D'accord Monsieur le curé. »

Paul regarde encore une fois la maison.

« Allons, partons », dit le curé.

□ La soirée : moment après le repas du soir et avant le coucher, que l'on passe souvent à rencontrer des amis, à aller au spectacle, etc.

L'aveu

Monaco

Huit heures et demie du matin...
Dans son fauteuil, Jacques Brévannes, le romancier, lit son journal. Devant lui, Patrick Menier, l'éditeur.
« Dépêchez-vous, nous allons être en retard.
— Mais non, répond Jacques, nous avons tout le temps.
— Allons, allons, venez, ne perdons plus de temps. »
Les deux hommes decendent à la voiture. Au moment de partir, un homme les appelle :
« Monsieur, Monsieur, s'il vous plaît?
— Que voulez-vous? demande Patrick.
— Je suis italien : j'ai cassé mon cric. Impossible de changer ma roue.
— On va vous aider, dit Jacques. Viens, Patrick. »
Les deux hommes changent la roue. Patrick pense : encore quinze minutes de retard. Nicole, la femme de Jacques, va les attendre à la gare.
« Voilà, c'est fini : viens Patrick, dépêchons-nous. »
L'heure avance : Jacques conduit de plus en plus vite. Et cette route tourne, tourne, et n'en finit plus.

□ **Avouer :** dire qu'on a fait quelque chose de mal.

□ **Un romancier :** un homme qui raconte des histoires dans les livres.

□ **Un éditeur** fait imprimer (préparer dans des usines, les imprimeries) et vendre les livres (voir aussi p. 6).

□ **Un cric.**

42

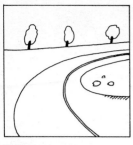

☐ Un tournant.

☐ Un juge d'instruction : une personne de la justice chargée de montrer qu'une personne a fait, ou n'a pas fait, quelque chose de mal. Pour cela, le juge pose beaucoup de questions à beaucoup de personnes.

☐ La vérité : ce qui est vrai.

☐ Tuer : faire mourir.

☐ La preuve : ce qui montre que quelque chose est vrai.

« Jacques, crie Patrick, faites attention, n'allez pas si vite ! » Jacques ne répond pas. Il regarde devant lui. A quoi pense-t-il ? Patrick ne veut plus voir la route. Il ferme les yeux. Après un moment, il les ouvre. Encore un tournant. Dans le tournant, il y a un arbre. Patrick crie : « Attention ! ». Trop tard. Jacques a déjà pris le tournant, beaucoup trop vite. C'est l'accident.

Devant le juge d'instruction, Patrick répète toujours la même histoire.

« Nous sommes partis en retard, nous avons aidé un Italien à changer sa roue, puis nous avons roulé trop vite pour arriver à temps à la gare.

— C'est curieux, dit le juge. Impossible de trouver ver cet Italien.

— Mais je vous dis la vérité.

— Je ne comprends pas, continue le juge. L'accident arrive, un accident terrible. Votre ami, le romancier Jacques Brévannes y trouve la mort et vous, vous êtes ici, vous n'avez rien. Expliquez-moi. »

Patrick ne répond pas.

« Autre chose, dit le juge. Vous êtes chez Monsieur Brévannes. Tout le monde sait qu'il est difficile de vivre avec M. Brévannes. Vous le dites aussi, mais vous restez chez lui. Peut-être aimez-vous sa femme Nicole ? Répondez-moi.

— Oui, c'est vrai ; j'aime bien Nicole. C'est une amie pour moi.

— Dernière question : vous devez de l'argent à Monsieur Brévannes. Nous avons trouvé des lettres.

— C'est la vérité. Les affaires sont difficiles maintenant. Jacques m'a prêté de l'argent. Mais ce n'est pas une raison pour le tuer.

— Au contraire, vous avez beaucoup de raisons... »

Le juge est sûr que Patrick a tué Jacques. Mais il n'a pas de preuves. Il laisse partir Patrick.

Patrick décide d'aller voir Nicole. Oui, le juge a raison pour une seule chose : il aime Nicole. Jamais il ne l'a dit. Maintenant, Jacques est mort. Il veut

voir Nicole : il peut parler à présent. Peut-être va-t-elle l'écouter, le croire...
Il téléphone : tout de suite Nicole est d'accord pour qu'il vienne.

Patrick entre dans la maison. Quelque chose a changé. Il cherche. Voilà : on a enlevé toutes les photos de Jacques.
Nicole descend du premier étage. Elle ne paraît pas triste, elle ne porte pas de robe noire.
« Je suis si heureuse de vous voir, Patrick. Quels moments peu agréables vous avez passés chez ce juge ! Mais vous êtes libre maintenant. Vous allez oublier ce terrible accident !
— Et vous Nicole, comment allez-vous ? Perdre votre mari, et continuer à vivre... Vous avez tant de courage.
— Non, Patrick, ne croyez pas cela. Je ne suis pas courageuse. Voulez-vous savoir la vérité ?
— Oui, dites-moi la vérité Nicole, je suis votre ami.
— Et bien Jacques, mon mari, était un homme dur, méchant. Je ne l'ai jamais aimé. »
C'est trop tôt, Patrick n'ose pas lui répondre : « Mais moi, je vous aime. »
Il dit au revoir et part rapidement.

☐ Une villa : voir p. 15.

Le lendemain, Patrick revient à la villa. Marie, la vieille bonne, ouvre.

☐ La bonne : voir p. 21.

« Madame est là ?
— Non, elle est sortie, mais elle va rentrer tout de suite. Attendez dans le salon. »
Patrick est curieux : il veut tout savoir sur Nicole. Marie parle facilement. Elle raconte la vie de Nicole avec Jacques. « Pauvre madame, je me demande où elle a trouvé le courage de rester. Il y a des soirs où Monsieur Brévannes me faisait vraiment peur. »
A ce moment, Nicole rentre. Marie s'arrête de parler. A la figure de Patrick, Nicole voit que Marie a tout raconté.

☐ Le salon : la pièce où on reçoit des amis.

« Alors vous savez tout maintenant. Et bien écoutez-moi. »
Nicole lui raconte toute sa vie. Elle ne peut plus s'arrêter. Elle a été si malheureuse avec Jacques.

☐ La peur est ce qu'on sent devant un danger. Exemple : Patrick a eu peur quand Jacques conduisait trop vite.

44

Trois ans de prison. Pourquoi?

Ça a commencé comme ça : un vol.

La police n'a pas été longue à savoir.

En prison, en attendant le procès.

Au procès, l'avocat qui défend l'accusé (le voleur).

Un autre avocat, qui attaque l'accusé.

Des témoins : ce qu'ils ont vu, ce qu'ils ont entendu.

Les juges qui décident : trois ans de prison!

LE PROCÈS

Elle n'a jamais rien dit à personne. Elle pleure. Puis elle se lève, va à son bureau, ouvre un tiroir et prend un révolver.

« Regardez Patrick : si Jacques n'avait pas eu cet accident, j'étais décidée...

— Comment, dit Patrick, décidée à quoi?

— Décidée à le tuer. J'en avais assez. »

Patrick la regarde : il veut lui parler. Il veut lui dire qu'il l'aime. De nouveau il n'ose pas, il part.

☐ Un tiroir.

☐ Un revolver : voir p. 6.

Deux jours plus tard Patrick retourne à la villa. Cette fois Nicole est là. Elle le reçoit tout de suite mais reste sans parler. Les photos de Jacques sont de nouveau dans le salon.

« Bonjour Patrick, je suis contente de vous voir. Je pars demain pour Paris.

— Comment Nicole, vous partez?

— Oui, je pars. Vous n'avez pas besoin de moi. Je sens que vous aimez toujours votre ami Jacques, mon mari. Tenez, si vous voulez, vous pouvez revenir travailler ici. Marie reste à la villa.

— Mon ami Jacques, dit Patrick, c'est vrai. Il était mon ami. Mais je l'ai tué!

— Voilà, vous l'avez dit à la fin! »

Nicole se retourne, ouvre le tiroir de son bureau, prend le révolver.

« Attention, restez là, ou je tire. A moi vous avez dit la vérité. »

Elle prend le téléphone :

« Allo, ici Madame Brévannes. Passez-moi le juge d'instruction. Vous écoutez Monsieur le Juge? Patrick Menier est ici devant moi : il a dit qu'il a tué mon mari.

— Comment? Que dites-vous? Oui, oui, j'ai un témoin. Ma vieille bonne Marie : elle a tout entendu. »

☐ Un témoin : une personne qui peut dire ce qu'elle a vu, ce qu'elle a entendu.

Nicole regarde la photo de Jacques sur le bureau. Elle se met à pleurer.

« Cette fois, Jacques... Patrick est pris... »

Table

Illustrations de Barbara Papé
et de Georges Pichart (p. 29).

Photographies de : Explorer (p. 5) — Claude Pavard/Fotogram (p. 27) — Ciccione/Rapho
(pp. 19-36) — Jacques Lang/Rapho (p. 13) — Paul Pougnet/Rapho (p. 42).

La photographie de couverture est de la Compagnie internationale des wagons-lits.

Imprimé en France par l'Imprimerie du Marval, 94400 Vitry-sur-Seine
Dépôt légal n° 9008-8-1984 — Collection n° 03 — Edition n° 08
H 15/4506/0